심상의 숲

사람이기에 행복하다

심상의 숲
心 象
사람이기에 행복하다

서상천 詩에세이

도서출판 신정

‖ **시인의 말** ‖

  글쓰기란 내 안에 숨어서 살아온 것들이 하나씩 세상 밖으로 나오게 하는 일입니다. "꿈을 꾸세요. 그러면 그 꿈이 당신을 만들 것입니다." 로버트 J. 실러 Robert J. Shiller (1946-Present) 2013년 노벨경제학상 수장, 예일대 경제학 교수의 말처럼 항상 가슴에 담고 살았습니다. 시인으로, 화가로, 시낭송가로, 가수로 예술 활동을 하면서도 항상 꿈을 꾸고 살았습니다. 가슴에서 꺼낸 그것들을 부족한 언어로 그리기 시작했습니다. 내안의 진실의 바탕 위에 색색의 사유를 색칠하는 그 일은 지웠다 그렸다 다시 칠하기를 반복하며 긴 시간이 흘렀습니다. [심상의 숲]의 詩에세이집으로 새로운 나를 찾아가는 치열한 여정으로 위로의 시간이기도 했습니다.

  잔잔한 고움으로 피어서 들꽃같이 편안하게 독자의 곁으로 가까이 다가섰습니다. [심상의 숲] 詩에세이집이 감성과 행복으로 마음속에 곱게 간직되길 바라며 제2집은 더 좋은 메시지를 담아 다시 만나 뵙겠습니다.

                            명곡 음지마을길 화실에서...
                                    서상천 올림

‖ 서문 ‖

참모습

　모든 사람들이 위선이 아니라 진실 그대로의 참모습으로 살아가 주었으면 좋겠다. 가정 또는 직장에서 혹은 사회생활 속에서 위선의 탈을 쓰고 살아가는 이들이 얼마나 많은가. 심지어는 일부 종교인들이라고 하는 사람도 위선의 생활을 하는 이들도 있다. 물론 세상이 거짓과 위선으로 범람하고 있기에 그들로 부터 소외되지 않을까 하는 것 때문에 어쩔 수 없이 그런 생활을 하게 되는 것인지도 모를 일이다. 그렇다고 언제까지 위선의 생활에서 벗어나지 못하고 살아가야 하는 것인지...

　우리는 자신의 뚜렷한 주관을 가지고 지금이라도 당장 나의 선한 양심을 더럽히지 말자. 더럽혀졌다면 반성하는 자세로 삶을 살아가기를 바랄 뿐이다. 지금 세상에서 행하여지고 있는 위선된 사람들의 거짓 행위들을 보라! 속에는 더러운 것이 가득하면서도 뻔뻔스럽게도 깨끗한 척 하며 살아가는 이들이 얼마나 많은가. 칭찬하는 말을 죽늘어놓고서는 돌아서면 갖은 흉을 만들어 내는 저들의 입술을 보라! 득이 되기 위하여 갖은 수다 다 떨다가 득이 되지 않는다면 점차로 떨어져 나가는 저들을 보라!

나는 어떤 삶을 살아가야 할 것인가. 그들 속에서 비굴하게 삶을 살아가야 할 것인가. 아니다. 아니다. 하루 속히 위선의 탈바가지를 훌훌 벗어버리고 참모습으로 살아가야 할 것이다. 그런 자들만이 가치 있는 인생을 살아가며 선한 양심을 소유한 사람이라고 생각한다. 소외당하는 것이 두려워서 그들과 함께 행동하며 살아가는 자는 정녕 인생의 실패자가 되리라고 생각한다.

여러분 앞에 겸허히 고개 숙입니다.

차례

△ 시인의 말 / 5

△ 서문 / 6

제1부 진정한 행복

꽃몽오리가 벌어지는 그날 ·············· 14
바로 이 순간 ································ 15
감사하는 마음 ······························· 16
이것이 인생이란다 ························· 17
새벽, 언제 오려나 ·························· 18
태양은 다시 떠오른다 ····················· 19
살아 있으니까 참 좋다 ···················· 20
아름다운 현상 ······························· 21
진정한 행복 ································· 22
가면 -위선의 꽃 ···························· 23
마음의 눈 ···································· 24
人間의 어리석음 ··························· 25
빛은 어둠으로 ······························· 26
나는 행복한 사람 ·························· 27
하얀 눈 ······································· 28
설중매 ·· 29
아쉬움 ·· 30
동굴 ··· 31
흰 봉투 ······································· 32

인생길 ·· 33
상념에 잠긴 긴 겨울밤 ························ 34
그대를 영원히 사랑하리 ······················ 35
그대가 있어 너무 좋다 ························ 36
양심 ·· 37
〈詩에세이〉 생명의 봄 ························ 38

제2부 참회의 눈물

신은 어디에 있는가! ·························· 40
떨어진 동백꽃 ···································· 41
밝은 빛 ·· 42
어머니의 염원 ···································· 43
꽃과 나비 ·· 44
꽃눈 내리는 새봄 ································ 45
봄의 산 속 식구들 ······························ 46
봄꽃을 보면서 ···································· 47
봄의 생명 ·· 48
참회의 눈물 ·· 49
내가 살아가는 이유 ···························· 50
그대여 돌아오라 ································ 51
아픔 ·· 52
사랑을 남용하지 마라 ························ 53

4월은 생명의 봄날 ·················· 54
만남의 인연 ························· 55
가시연꽃 ····························· 56
인연으로 인한 내 자신을 돌아볼 수 있다면 ·· 57
인생 ··································· 58
사랑 ··································· 59
詩人이라면 ·························· 60
아내의 깊은 마음 ················· 61
변심 ··································· 62
귀뚜라미의 노래 ·················· 63
〈詩에세이〉 그날 ··················· 64

제3부 예향

이 한 몸 그대를 위하여 ·········· 68
당신의 뒷모습을 바라보며 ······ 69
보고 싶은 얼굴 ····················· 70
사랑하는 여인 ······················ 71
그대는 나의 그림자 ··············· 72
나무의 삶 ····························· 73
숙제 ··································· 74
사랑하는가 보다 ··················· 75
회상 ··································· 76

갈급한 심령의 목소리 ·················· 77
우리는 ······································· 78
봄날 ··· 79
예향 ··· 80
모든 사람은 나의 스승 ················· 81
그대는 가을 여인 ························ 82
사랑의 미련 ······························· 83
유혹 ··· 84
자유 ··· 85
눈 뜬 장님 ································· 86
미움 ··· 87
사람이 죽으면 어떻게 되나 ············ 88
외로움 ······································ 89
할미꽃 ······································ 90
못난 선인장 ······························· 91
〈詩에세이〉 지옥 그리고 천국 ········· 92

제4부 평화로운 사람들

어머니의 체온 ···························· 96
갈망의 닻 ································· 97
지팡이 ······································ 98
점 하나 ···································· 99

독도는 대한민국의 자존심 ······ 100
빛나는 무궁화 ······ 101
바보 ······ 102
환상의 여인 ······ 103
별들이 속삭이던 그 밤 ······ 104
깨끗한 마음 ······ 105
인간은 작은 거인이다 ······ 106
나만 아는 사람 ······ 107
평화로운 사람들 ······ 108
웃는 세상 - 우리는 하나다 ······ 109
사별과 이별 ······ 110
여자와 남자 ······ 111
추억을 떠올리며 ······ 112
보고 싶은 사람 ······ 113
시를 쓰려고 하는 사람 ······ 114
나와 분변 ······ 115
기도(祈禱) ······ 116
꿈틀대는 생명체 ······ 117
영혼 불멸 ······ 118
웃어보련다 ······ 119
〈詩에세이〉 나는 사후에 어떻게 될 것인가 ······ 120

- 맺음의 글 ······ 122
- 에필로그 **심애경** ······ 125
- 발행인의 말 **서평 박선해** / 126

제 $\frac{1}{부}$ 진정한 행복

꽃몽오리가 벌어지는 그날

나의 시야에서
생각과 현상으로 보여 지는 모든 것,
하얀 도화지와 캔버스에 그림과 詩로
그 흔적을 남겨보렵니다

꽃몽오리가 아득한 떨림 속에서
스며든 햇살에 속삭이며
벌어지려고 힘들어 하네요

아직 향기 없는 기다림을 알고 있지만
꽃이 화사하게 필 때면
세상은 꽃향기에 물들어 가겠지요

나비가 망설임 없이
너울너울 춤추며 날아들고
꿀벌들도 찾아오겠지요
사람들은 그 향기를 맡아보려고 모여들 거고요

나는 마침내 화사하게 피어나
누군가의 기억 속에 남을
향기를 뿜어내는 꽃이 되어 있을 겁니다

바로 이 순간

숨을 쉬며 많은 것 기억하고
그 기억이 정지된다면
이 세상 아름다운 것이 많은데

떠오르지도 떠 올릴 수도 없다면...

살아 숨 쉬고 있는 이 순간
한 번이라도 더
기억하고 싶은 많은 사연들

사람, 동물, 식물, 그들과 함께
소통해 나가고 싶다

지금 살아 숨 쉬고 있음을
늘 행복이라고 생각하며
남은 삶을 살아 보련다

감사하는 마음

작용의 연기법으로 인한 세상에 보여 지는 현상 속에서
살아 숨 쉬고 있다는 것은 천국이요 극락이라고 생각합니다

햇볕의 따스함, 시원한 바람의 속삭임
현상 속의 대자연의 아름다움은
나의 마음을 안정시켜줍니다

때가 되면 아내가 정성껏 차려주는 맛있는 반찬으로
밥을 먹을 수 있어서 감사하게 생각합니다

살아가는 과정 속에서 서로의 생각과 행동이 차이가 있고
순간순간 작용의 연기법에 의하여
나에게 좋지 않은 말과 행동을 보일지라도
그 사람으로 하여금 나 자신을
뒤돌아 볼 수 있어서 감사하게 생각합니다

이렇게 살아 숨 쉬고 있으면서 아름다운 대자연을 바라보며
시도 쓰고 그림도 그리고 낭송도 하며
노래도 부를 수 있어서 행복하게 생각합니다

이토록, 현상으로 볼 수 있는 이 세상에서
인연을 맺게 해주신 부모님께 감사하게 생각합니다

이것이 인생이란다

초록으로 물들은 잎새 화려하고 아름답게 물들어간다
사람들은 그 아름다움을 보려고 산을 찾아다닌다

그 시절도 잠시뿐 한잎 두잎 땅에 떨어지면
사람들은 밟고 다닌다

잎새는 말한다
사람아! 사람아!
화려하고 아름다웠던 그 시절을 보내고 나면
나처럼 떨어지고 밟혀진다고
이것이 인생인 것을 누굴 탓하고 원망하랴
밟히고 밟히다보면 추운 겨울이 올 것을...

묵묵히 순리대로 살아가는 것이 인생이란다

머지않아 추운 겨울이 오겠지

새벽, 언제 오려나

현상의 세상, 어둠으로 물들어가고
달도 별도 태양도 보이지 않는 현실

지푸라기 하나라도 있다면
잡아보겠다는 갈급한 생명들
아무것도 잡을 수 없다

여기저기에서 들려오는 신음소리
별과 달 태양은 언제...

한 가닥 희망, 어둠이 걷히고
새벽을 맞이하는 것
아~
그날이 오기만을 손꼽아 기다려본다

*코로나19 때 쓴 시

태양은 다시 떠오른다

아비규환, 어둠이 깊어가고
암흑처럼 변해가는 세상

어둠이 걷히고
새벽이 오면
저 멀리
태양은 다시 떠오른다

우리의 희망, 믿음, 소망, 일
다시 되살아나고
삶의 터전엔 사람들이 북적인다

새로운 세상 다시 찾은 듯
여기 저기 웃음소리
기계소리
아~ 살았구나
이젠 살았구나

태양은 다시 떠오른다

*코로나19 때 쓴 시

살아있으니까 참 좋다

살아있으니까 참 좋다
이 세상에 보여 지는 현상들을 보노라면
살아있음을 느껴본다

믹스커피도 마시고
차를 타고 달리면서 푸른 나무도 보고
매미소리 듣고 꽃을 보며
아~ 살아있음을 알게 된다

살아있으니까 너무 좋다
반겨주는 푸른 강아지, 예쁜 고양이
너무 너무 사랑스럽다, 살아있으니까 정말 좋다
화선지와 캔버스 위에 그림을 그리고
시도 쓰고 낭송도 하고
노래도 부를 수 있으니 말이다

이 좋은 세상이 천국과 낙원일 게다
오래 오래 살면서 사람들과 동물들과
그리고 자연과 공존하면서
아름다운 마음으로 살아가고 싶다

아름다운 현상

보여 지는 세상은 아름답다
푸른 하늘 흰 구름 두둥실 떠다니고
어디선가 불어오는 시원한 바람
흔들리는 나뭇잎, 새들이 지저귀는 소리
둥지 안의 아기새들 어미새 왔다고
입 쩍 벌리고 마냥 지져댄다

길을 걷다보면 풀잎 사이엔
색깔도 다양하게 피어나온 예쁜 꽃들
돌 틈 사이 비집고 살아 나온 꽃
꽃향기 맡아보려고 가까이 다가서면
어느새 나비도 벌도 모두 와 있네

풀잎 사이사이로 새까만 개미떼들
어디론가 바쁘게 가고 있네

풀잎 사이에서 낮잠 자던 아기 개구리
깜짝 놀라 펄쩍 뛰어
쏜살같이 달아나네

진정한 행복

행복은 인내의 보상
그 기준과 가치는 다를 수도 있겠지만
진정한 행복이란 내가 어디서 왔으며
어디로 가는지
왜 살아야 하며
왜 죽음을 맞이해야 하는지?

이러한 문제를 알았을 때
진정한 행복을 느낄 수 있다

가면 –위선의 꽃

벌은 어찌 꽃을 좋아할까!

향기 때문일까

해가 기울면
시들어버릴 텐데

향기 속엔
음모가 숨겨 있고
독이 있을 텐데

벌은 어찌 꽃을 좋아할까?

마음의 눈

세상엔 아름다운 것이 많다
들풀, 들꽃, 꽃을 찾아다니는 벌과 나비
각종 곤충들 예쁘고 아름답다

강아지의 재롱떠는 모습
밖에 나갔다 들어오면 부벼대는 고양이
세상에는 아름답지 못한 것도 있겠지만
그것 역시 마음먹기에 달려 있는 것이 아닌가

아름답게 바라 볼 줄 아는 마음의 눈

그 옛날 예수는 말한다
"더러운 것은 마음에서 나온다."고
어떤 마음을 갖느냐가 중요하다

사람이 제일 무섭다고 말하지만 그럴 수도 있겠지
말 못하고 의사소통 안 되는 것들에게도
예뻐하고 아끼고 사랑하건만
사람들을 아끼고 사랑하지 않겠는가

우리가 세상에 살아가는 동안만이라도
세상의 모든 것 아름답게 보고
아끼고 사랑하면서 살아가자

人間의 어리석음

하늘을 바라본다
맑고 푸른 하늘 띄엄띄엄 흰 구름 두둥실
새들이 날아다니는 녹음이 짙은 산
살아있음을 느껴본다

세상은 절망과 좌절감
여기 저기 들려오는 한 숨 소리

가는 곳 보는 사람 걱정 근심 가득하고
희망의 빛 언제 오려나

어리석은 인간, 책임질 수 없으면서
세상을 망가뜨리고 있다

애를 써보아도 그칠 줄 모르는 시한부의 세상
그 어리석음이 세상을 병들어가게 하고
수많은 사람들이 아파해야 한다

하늘을 바라본다
맑고 푸른 하늘
두둥실 떠다니는 흰 구름

빛은 어둠으로

21세기 인간 세상 태양의 밝은 빛은
뿌연 안개로 그 빛을 잃어간다

강자는 약자를 억누르고
부익부 빈익빈의 격차가 심해지고

귀로 듣고
눈으로 보는 것
범죄와 전쟁
식량난과 대지진
세계적인 바이러스 전염병
거칠 줄 모르는 뿌연 안개는
점점 빛을 가리고 있다

빛을 잃어가는 인간 세상에
빛을 비춰 줄 구원자가
언제
어디서
어떤 모습으로
나타날 것인가(진리를 전해 줄 자)

나는 행복한 사람

현상으로 보여 지는 세상을
아름답게 볼 수 있으며
들을 수 있는 마음에
눈이 있으매
시각 장애일지라도
청각 장애일지라도
더 행복한 것은
볼 수 없는 이에게
세상의 아름다움을
말해 줄 수 있고
들을 수 없는 이에게
먼저 볼 수 있게
해줄 수 있기 때문이다

몸의 장애도
마음의 장애도 없으니
먼저 마음을 열고 다가가
도움의 손길 내밀 수 있는
나는 행복한 사람

하얀 눈

현상으로 보여 지는
하얀 눈이 하늘에서 내려옵니다

하얀 눈처럼 깨끗해져보라고
교훈을 주는 것은 아닐는지요

일 년 내내 말과 행동 때문에
내 이웃들이 상처받은 일은 없었는지요
뉘우치고 반성하라는 교훈을 주는 것은 아닐까요

시간이 지나면 녹아지고 없어지듯이
나로 인해 상처받고 아파하는 사람들
아픈 상처가 아물 수 있다면 얼마나 좋을 까요

오늘도 하늘에서 하얀 눈이 내려옵니다
하얀 눈을 보며 살아왔던 지난날을 뒤돌아 봅니다

설중매

너는 왜 그리도 이쁘니
세찬 바람과 눈보라 속에서도
빛을 보려고 이쁘게도 나왔구나

세상엔 이쁜 꽃들이 많이 있단다
봄에 피어나는 꽃
여름에 피어나는 꽃
가을에 피어나는 꽃

이쁜 만큼 이쁜 마음 가지고
세상 사람들에게 아름다운 마음과
진리의 참뜻을 올바르게 전해줘야 할 텐데
그렇지 못한 꽃들이 많이 있단다

너가 현상으로 보여 지는 세상에 나오기까지
너를 품고 있었던 큰 꽃은
찬바람 찬 서리 맞아가면서도
너보다도 많이 힘들었단다

이쁜 꽃 세상에 나왔으니 사람들에게 이쁨 받고
사랑받는 아름다운 향기를 줄 수 있는
꽃이 되어 살아가주렴

아쉬움

작용의 연기로
바람이 가지를 흔들어서
울리게 하던 목소리
잎새는 그 나무를 사랑 했네

가지마다 새눈이 생기고
푸른 잎새들이 바람에 흔들리는 것을 보네
잎새는 그 나무를 사랑 했네

눈을 감고서 귀를 기울이면,
산 영혼이 일어서면
타오르는 활화산
잎새는 그 나무를 사랑 했네

추운 겨울밤 얼어붙은 산 영혼을
뒤흔드는 나무의 노래
잎새는 이제 떠나려하네

동굴

동굴 속의 비밀
깊고 오묘하다

하얗게
노랗게
검게
시
시
각
각
변한다

섬광의 빛이 들어오면
비밀을 알 수 있을까?

흰 봉투

언젠가는 흙으로 사라져 가는데
애도하러 찾아온 손님
저마다 흰 봉투 쥐고 있었네

상주들 아이고 아이고
눈동자는 어디에 있는가

관 속의 시신
비시시거리고는 하는 말
꼬락서니들 하고는…

욕심이 잉태하면
죄를 낳고
죄가 장성하면
죽음일 텐데

흰 봉투에 관심 두지 말고
애도하는 진정한 마음 함께 하세

우리도 언젠가는 사라지고 말걸세
죽음을 맞이할 걸세

인생길

눈이 내리는 하얀 길
거리는 적막 속에 잠들어가고
발자국 소리만
뽀드득 뽀드득
나만이 가야 할
낯 설은 하얀 길

고난과 슬픔
고뇌와 번뇌가 있어도
한 가닥 희망
미소하며 보내는 하얀 마음
오늘도 그 길을 걸어간다

내 많은 날들의 아픈 자욱들
하얀 눈길을 말없이 걸으며
희망이라는 꽃이
하얀 눈 위에 피어나리라는
내일을 향한 발걸음으로
오늘도 끝없이 걸어간다

상념에 잠긴 긴 겨울밤

긴 겨울밤
삶의 터널 속을
홀로 갈 수 밖에 없다

아무에게도 말 못하고
홀로 겪어야 하는
고뇌와 번뇌
가슴 깊숙이 묻어둔다

시간이 지나
새 봄이 오면
불꽃으로 변하여
가슴 깊숙이 묻어둔
고뇌와 번뇌
모두 녹아 지리니

그대를 영원히 사랑하리

그대를 만나 마음 아파하고 힘들 때도 있지만
슬픔이 무엇인지, 기쁨이 무엇인지
사랑이 무엇인지 알게 되었지

그대의 잔소리가 귀에 거슬릴 때도 있지만
지나고 나면 그대의 사랑이었음을

진정 그대가 바라는 것 다 알 수는 없지만
서로 사랑하고 있다는 것 변하지 않으리라

그대가 있어 너무 좋다

그대를 만나지 않았더라면
나는 어떤 사람으로 지내고 있을까

그대는 내 마음속에
함께 지내고 있는
또 다른 나이기도 하지

그대는 나에게 일을 할 수 있는
희망을 갖게 하고
詩도 쓰며 낭송도 하고
캔버스에 그림을 그리고
노래도 부를 수 있는
새로운 삶을 지낼 수 있도록 해주었지

그런 그대 곁에 있는 나는 너무 좋다

이 마음 그대는 알까?

양심

성격과 개성이 다른 사람들
볼 수 없고
만져 볼 수 없는 양심

겉모습이 예쁘고 아름다워도
화인 맞은 양심이 되어 있다면
질서와 균형이 깨어지고 말겠지

양심은 세상을 살아가는데
꼭 필요한 것
우리 모두가 화인 맞은
양심이 되지 않았으면 좋겠다

詩에세이

생명의 봄

 이른 새벽 저 멀리 달빛이 비춰오고 새들이 재잘거리는 소리는 싱그럽고 상쾌하기만 하다 내가 서 있는 이 곳, 해가 떠오르기 시작하면 잿빛은 사라지고 세상은 환해져 가겠지 새벽을 알리는 장닭은 꼬끼오 꼬끼오 말을 건넨다 세상은 함께 공존하며 어울려 사는 세상인가 보다 죽은 줄만 알았던 땅 위에 나무들, 꽃들, 풀들 몸단장하며 꿈틀댄다 깊은 잠에 빠져 있었나 보다 잠에서 깨어난 아카시아 나무에 달려 있는 하얀 꽃, 어느새 땅 아래 떨어져 흰 눈 내린 것처럼 나를 물끄러미 바라보며 하얀 마음을 갖게 한다 봄은 생명의 계절이라 하지만 생명의 계절에 생명의 소중함을 알고 새 단장으로 잠에서 깨어나 내가 살아 있음을 알리라 하얗게 보여 지는 이 땅의 생명들이 소중한 것처럼 내가 살아있음을 소중하게 여기고 함께 생명들과 공존하며 세상을 깨끗하게 살아가보자 우리는 같은 생명체

제

2

부

참회의 눈물

신은 어디에 있는가!

나 당신 찾아보려고 넓은 들판으로 가보았지만
잡초만 무성할 뿐 당신은 보이지 않았습니다

나 당신의 목소리 들어보려고
깊은 산속을 헤매고 다녔지만
나무 위에 새들이 지저귀는 소리만
들려 올 뿐 당신의 목소리 들을 수 없었습니다

나 당신의 그림자 보려고
잔잔한 호수와 강으로 가보았지만
백조 가족 떠나고 나룻배와 뱃사공만 보일 뿐
당신의 그림자는 볼 수 없었습니다

나 당신 숨소리 느끼고 싶어서
저 멀리 사막으로 가보았지만
모래알 바람에 날리고
낙타 떼들과 바람소리만 들려올 뿐
당신의 숨소리 느낄 수 없었습니다

당신은 어디 계신가요

*신학대학 공부할 때

떨어진 동백꽃

동백꽃이 활짝 웃고 있다
뽀얀 속살을 내보이며
수줍어했던 너였는데
어느새 작용의 연기법으로
큰 꽃이 되어 있구나

세찬 바람이 불어오면
몸을 바싹 움츠려야 했던 너
태양빛이 너를 향해 웃음 주면
반가워 어쩔 줄 모르던 너
그땐 어깨가 으쓱였었지

바람 불고 눈보라가 몰아친다
야속하게도 하늘은
많은 물을 쏟아 붓고서
누추한 모습으로 변해가는
너, 그리고 나

이젠 땅으로 떨어져야 하는데
 따뜻한 봄이 오면 봄바람 타고
멀리 아주 멀리 떠나가겠지

밝은 빛

살아가는 것
고통과 함께 수반되기에
쉬운 삶은 아니다

모든 사람들
행복을 염원하며
영원히 살기를 원하지만
죽음의 그림자는
누구에게나 찾아오는 것

나는 무엇인가?
꺼져가는 촛불처럼
잠시 동안 불 밝히다 사라지는 것
풀잎의 이슬처럼 사라지는 것

사는 날 동안
촛불이 꺼질 때만이라도
밝
은
빛
비추며 살아가 보자

어머니의 염원

꽃망울이 터지는 찰나의 순간
메아리가 되어
온 세상에 생명의 소리로 울려 퍼진다

작용의 연기로 한 송이 꽃이 되어
세상에 나온 꽃

바람에 흔들리며 장대비도 맞으면서
험한 세상 살아가야 할 텐데
잘 버텨낼 수 있을까

어린 꽃을 바라보고 지켜보는 큰 꽃들은
언제나 안도의 한숨만 내 쉰다

꿋꿋하게 험한 세상
잘 살아주기를 바라면서

꽃과 나비

아름다운 꽃 한 송이
향기로움 물씬 풍겨오는데

그 향기로움
꺼져가는 촛불이
사라질 때까지

함께 할 수 있다면

나는 나비가 되고 싶어라

나는 나비가 되고 싶어라

꽃눈 내리는 새봄

도로가의 벚꽃 나무
봄이 왔다고 신이 났나보다

연분홍 꽃잎 떨어져 나폴 나폴 춤을 춘다
노란 개나리꽃 수줍어하던 모습 어딜 가고
신이 나서 더덩실 춤을 춘다

지켜보던 어린 개나리꽃
환호성을 치며 기쁨에 춤을 춘다
봄이로구나, 새 봄이로구나

가로등 불빛을 받으며
연분홍 꽃잎이 나폴 나폴
춤추며 내려올 때
나를 위한 축제인줄 착각 한다

웨딩을 마치고 퇴장할 때
뿌려지는 꽃눈 같기에
정말 봄이로구나, 새 봄이로구나

봄의 산 속 식구들

우람한 나무들 사이에
지나쳐가는 바람 소리
풀잎들 흥겹게 춤을 춘다

나뭇가지를 옮겨 다니며
지저귀는 새들의 노래 새 봄을 알린다

설 잠 자던 아기 다람쥐
새들이 지저귀는 소리 듣고
깜짝 놀라 이리 뛰고 저리 뛰며 분주하다

저 멀리서 들려오는 개울가의 물소리
음악의 리듬처럼 들려오고

비탈에 피워 나온 꽃나무들
곡예사가 연출하듯 뽐내고 있다

산속 식구들
신이 나 있는 것을 보니
정말 봄이로구나, 새봄이 왔나보다

봄꽃을 보면서

환한 미소를 갖게 하는 꽃들
향기를 뿜어내는 향긋한 선물을 한다

봄꽃들처럼 향기로움과
환한 미소를 줄 수 있다면 얼마나 좋을까

봄꽃을 바라보고 가까이 다가서서
만져도 보고 그 향기에 취하여
생각에 잠겨 본다

세상의 모든 사람들
봄꽃처럼 아름다운 향기를 줄 수 있는
그런 삶을 살아가 주었으면 얼마나 좋을까

봄의 생명

 메말라 보였던 나뭇가지에 작용의 연기법으로 인하여 새 생명이 꿈틀거린다 초록이 보이기 시작할 때 은밀한 곳에 숨겨져 있던 몽오리는 세상 밖으로 나올 준비를 한다 몽오리가 탁 터지는 그 순간까지 땀을 뻘뻘 흘려야하는 나무의 인내, 바람이 불어오면 초록의 나뭇잎들은 신이 나서 이웃의 나뭇잎들과 바람 따라 바쁘게 부채질 한다 그 순간 고통의 땀방울은 세상에 알려지고 새 생명의 봄을 알린다 나무는 말한다 아~ 꽃이로구나 아름다운 꽃이로구나 이렇게 세상 밖으로 나오기까지 왜 이리도 힘들었을까 고통을 참고 견디면서 아름다운 꽃이 되어 세상 밖으로 나오게 됐으니 사는 날 동안 아름다운 꽃이 되어 이쁘게 살아가 주렴

참회의 눈물

하늘에서 하염없이 쏟아지는 빗물
무슨 죄를 지었기에 울고 있느냐

그래 많이 울어라
이 땅에도 너처럼
울어야 할 사람들이 많이 있단다
세상의 나쁜인 것,
쓸어버릴 만큼 많이 울어라

울고 또 울다보면
동쪽하늘에
태양이 보이고 희망이 보일 게다

내가 살아가는 이유

 오늘도 묻고 있다 지구라는 행성에서 왜 살아 가냐고 사람들은 나라는 현상을 알기위하여 저마다의 신을 의지하며 삶을 살아가고 있다 이 땅에는 수많은 종교와 종파가 분포되어 있다 우리는 종교를 떠나서라도 지구라는 행성에서 살아가는 공동체이다 생명을 존엄하게 생각하며 귀하게 여길 줄 알아야 한다 내가 부유한 삶을 통하여 많이 배우고 힘이 있다하여 힘없고 배우지 못한 자를 업신여기지 말아야 한다 우리는 함께 어울려 살아가는 생명체이며 공동체이기 때문이다 모든 종교는 사랑을 말한다 사랑의 크기는 얼마나 될까 한 희랍 철학자는 사랑을 네 가지로 분류하고 있다 아가페, 에로스, 스토로게, 필리아, 그러고 보면 사랑이란 사람을 사랑하는 것 참 좋다 사랑한다는 말 우리 모두는 생명을 사랑하기 위하여 살아가고 있는 것이다 내가 지구라는 행성에서 살아가는 이유는 바로 생명을 사랑하기 위해서다

그대여 돌아오라

아름다워라 장미 한 송이
그대 나를 좋아한다면
가시를 버리고 돌아와 다오

어여뻐라 장미 한 송이
그대 나를 사랑한다면
넝쿨을 버리고 돌아와 다오

귀여워라 장미 한 송이
그대 나를 갖고 싶다면
잎새마저 버리고 돌아와 다오

아픔

밤안개가 소리 없이 밀려온다
내면에서의 몸부림은 시작되고
뜬눈으로 이 밤을 지새운다

동 트면 소통하고
교감을 나누며
미소를 지어 보지만
내면에서의 몸부림은
말 못하는 찢어지는 아픔

사랑을 남용하지 마라

사랑한다는 말
남용하지 마세요

좋아 할 수 없는데
사랑할 수 있을까요

우리는 먼저
좋아해 보아요

그러면
믿음이 생기고
믿음이 깊어지면
사랑하게 되니까요

4월은 생명의 봄날

사람들은 4자를 싫어한다
4월은 환한 미소와 꿈과 희망을 준다

땅 속에서 기지개를 활짝 펴고
꿈틀거리는 생명들
꽃이 만발하고
덩실덩실 춤추며
날아드는 나비 떼
부푼 마음 안고
훨훨 날아다니는 계절이다

4월은 무엇을 생각할까
자연의 아름다움
꿈틀거리는 생명

영원히 4월은,
우리 곁에 있었으면 좋겠다

만남의 인연

얼굴을 마주 보며
입가에 미소를 띄운다

손과 손이 맞 닿는 그 순간
기쁨과 따뜻함의 온기를 느낀다

사람은 사람을 만나야 하고
함께 소통하며 그를 인정해 주고
내가 먼저 진정성 있게 다가서면
모두가 나의 친구이며
함께 살아가는 동반자이다

어제의 인연을 소중하게 간직하며
한 사람 한 사람 귀한 보석처럼 여기고
마음 속 머릿속 기억에 남겨두자

가시연꽃

모진 우여곡절을 겪어야 했던 날들
제 살을 뚫고
가시가 나오기까지 얼마나 힘들었을까

힘겹게 살아나와 화사한 꽃이 되어
이쁜 모습 보여주며 한숨을 내뱉는다
생을 마감하면서까지 식용과 약용으로
자신의 몸을 내어주는 길이
깨달음이 아닐까

중생들이여!
부처가 되어 가시연꽃처럼
헌신하는 아름다운 삶을 살지 않으련가

인연으로 인한 내 자신을 돌아볼 수 있다면

 사람과 인연을 맺어서 살아간다는 것은 참 좋은 일이다 그 인연이 악연으로 끝난다면 너무 속상하다 사람의 생각은 살아온 환경과 각자의 개성이 다르기에 이런 일 저런 일 있을 수도 있지만 참과 그릇됨 정도는 가릴 줄 알아야 한다 일방적으로 좋은 인연을 깨버린다면 화가 나는 법, 참을 버리고 돌아선다면 당하는 이는 너무 마음이 아프고 속상하지 않을까 만물의 영장이라고 하는 인간이기에 이것을 수긍하고 삭혀가면서 상대의 어리석은 행동을 이해할 수 밖에 없는 것 같다 신에게 기도하고 붓다 앞에서 골백번 절을 한들 무슨 소용 있으랴 함께 살아가는 동료에게 반갑다고 인사하는 것이 더 나을 텐데 골백번 절을 하고 기도하는 입술과 행동은 역겨운 일이 아닐 수 없다 지성인답게 내 잘못된 행동과 생각을 조금이라도 반성할 수 있다면 얼마나 좋겠는가 나의 잘못된 판단과 생각들을 인정할 줄 아는 사람 그리고 책임질 줄 아는 사람이 되어야 하지 않을까 이런 생각에 잠겨본다

인생

이른 새벽
저 멀리 희미하게 비춰오는
가로등 불빛

거리의 수목들
갑작스런 바람의 울음소리에
초록이었던 나뭇잎은 변색되어
하나 둘 떨어진다

젊음은 어딜 가고
낙엽 되어 뒹굴고 밟히고
찢겨져 가루가 되어 먼지로 변해가는가

한때는 젊음이 있었기에
뽐내고 살아왔던 초록은 어디로 갔는가
우리네 인생 초록이처럼
젊음과 희망 찬 미래가 있었건만
어느새 가을이 왔다 지나가고
추운 겨울을 맞이해야 하는가

긴 겨울밤이 지나고 나면
새 봄이 찾아오겠지

생명이 꿈틀거리는 초록의 세상으로 변해가겠지
나는 이 봄을 어떻게 맞이해야 할까

사랑

한번쯤 사랑한다는 말
듣고 말하기도 했을 것이다

쉽게 내뱉는 익숙한 단어
사랑한다 해놓고 미움이 되어버리는
오늘날의 현실, 왜일까?

사랑한다는 말 쉽게 내뱉지 말자
진실한 사랑이란
헌신과 희생이 따르는 것
이기적인 사랑이 아니다
아무 조건 없이 주는 사랑이다

이런 사랑을 할 때
미움, 배신, 실망
너도 나도 없을 것이다

좋아한다 말하자
좋아하다보면 믿음이 생기고
사랑하게 될 것이다

詩人이라면

너무 쉽게 분노를 보이지 말자
시인은 참는 법을 수행해야한다

누군가 보고 있음을 유의하라
시인은 일반인이 아님을 늘 생각하라

마음에 들지 않고
말과 행동이 거칠어도
기다릴 줄 알아야한다

끊임없이 노력하고 자신과 싸워야한다
그런 사람만이 시인이라고 할 수 있다

아내의 깊은 마음

아내의 마음 속
무엇이 담겨 있을까

때론 도무지 알 수 없는...
깊은 뜻이 담겨 있겠지

지나고 나면 알게 되고
나의 모자람을 느낄 수 있다

모든 사람의 생각은
아내를 통해서 알 것 같다

변심

변했다고 나무라지 마라
사람 동물 미생물 사물
찰라생 찰라멸

너와 내가 함께 할 수 있는 것은
순간순간
좋은 감정으로 소통할 수 있는 까닭이다

원망도 미움도 마음에 두지 말자
우리는 이 시간에도
작용의 연기법으로 인하여
변해가고 있기 때문이다

모든 만물이 다 그렇다

귀뚜라미의 노래

언제나 들려오는 가을의 노래
그 멜로디는 아름답게 들려온다

머지않아 산천에는 단풍 들고
사람들은 그 아름다움을 보려고
산을 찾아가겠지

그 시절도 잠시뿐
시간이 지나면 바람에 떨어지고
귀뚜라미의 멜로디를 들을 수 없을 거야

우리네 인생도 마찬가지 일거야
젊은 꿈 희망 세월 따라 변하여 사라지고 말겠지

오늘도 귀뚜라미는 가을이 오고 있음을
리듬에 맞춰 노래하고 있다

詩에세이

그날

　어느덧 내 나이가 중년이 되었다 오늘 따라 그날이 생각이 난다 대전 목동에 자리 잡고 있는 성프란시스코 수도원 성프란시스코 성인처럼 살고 싶어서인지 나는 이 수도원을 선택했는지 모른다 아니면 내면에서의 삶에 대한 몸부림이라고 할까 그것도 아니면 사춘기라서 심리적으로 너무 괴로워 했었나보다 나를 안내하는 수도사를 따라 자그마한 방으로 향했다 잠시 후 수도사는 흰 접시에다가 먹음직스런 알이 큰 청포도를 탁자위에 놓고선 나가버렸다 땀을 뻘뻘 흘리는 청포도를 볼 때면 먹지도 못하고 군침만 꿀꺽꿀꺽 삼키곤 했다 몇 시간이 지나도 수도사는 들어오지 않았고 방안에는 나와 탁자위의 청포도뿐 왜 청포도를 가지고 왔을까? 왜 안 올까? 너무 궁금했다 그 때 일을 생각해보면 의문이다 그리고 현재의 나를 뒤돌아본다 내가 수도사의 길을 끝까지 갔었더라면 지금의 아내도 만날 수 없었을 것이고 시인도 화가도 그리고 참 진리인 내가 어디서 왔으며 어떻게 살다 어디로 가는 지도 모를 것이며 나라는 현상을 찾지 못했을 것이다 수도사의 길을 포기하고 세상에 첫발을 디뎠을 때 나에게는 험난한 삶이 기다리고 있었다 내가 살아 온 길 후회는 없다 모든 것은 내 스스로 살아온 길이기 때문이다 이런 삶이 있었기에 지금의 내가 있는 것이 아닌가 나는 오늘도 현실의 나에게 주어진 일을 하며 늘 감사하게 생각하고 마음이 가난한 자로 오늘도 살아가고 있다 성프란시스코처럼...

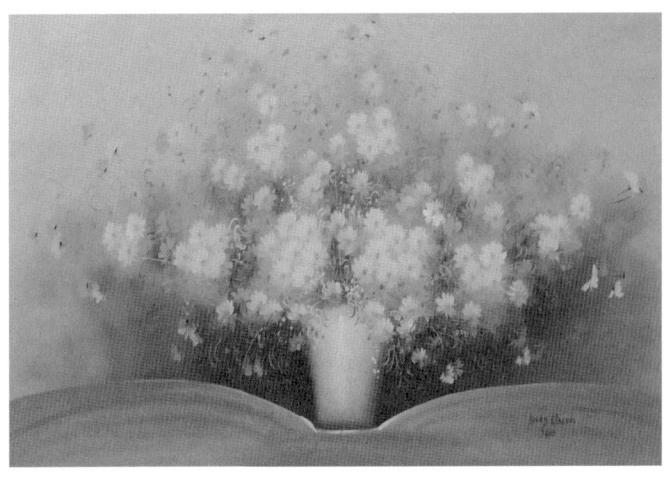

제 **3** 부

예향

이 한 몸 그대를 위하여

언제나 예쁘게 보이며
아름답게 보여 지는 그대
사랑스런 마음으로 바라보고 싶다

험한 세상 살아가는 동안
그대와 한 몸이 되어
힘들고 어려운 일이 닥쳐와도
천년을 산다는 소나무처럼
그대의 버팀목이 되어
어떤 어려움이 있어도
참으며 견뎌가면서
희생을 아끼지 않으리라

당신의 뒷모습을 바라보며

내 마음 밭에
하염없이
빗줄기가 쏟아진다

사랑 씨 심어놓고
떠나가는 당신의 뒷모습

나의 시야에서
보이지 않을 때
하염없이 눈물만 흐른다

아무도 몰라주는
나의 아픔

홀로 울어야 하고
아파해야 한다

이것이
사랑이고
인생인가 보다

보고 싶은 얼굴

있을 땐 몰랐던 그 빈 공간
갑자기 공허함을 느낀다

멍 때린 나의 모습
그대의 환한 미소가 그립다

주마등처럼 얽힌 굴곡진 사연들

혼자라고 생각하면
더 보고 싶은 그대

엄마 품 같고,
그대의 잔소리가 그립다

사랑하는 여인

입안에서 사르르 녹여지는 솜사탕
마음 속 깊숙이
자리 잡고 살아가는
또 하나의 나

움직일 때마다
그림자 되어
따라다니는 그대
이것은
내가 그대를 사랑하는 까닭이다

그대는 나의 그림자

안개 속 희미하게 보여 지는 것
형용할 수 없는 희열감

아파하고
교감을 함께 하는 마음
지켜보고 늘 따라다니는 그림자

그녀는
엄마 품 같고
예쁜 공주 같고
귀여운 아가 같다

나무의 삶

화려한 모습 뽐내며 살아온 짧았던 시간
곱게 단장하고 가을바람 살랑살랑
화려한 옷 벗어던진 볼품없는 벌거숭이
무엇을 주고 버렸을까

사랑
기쁨
배려
투기
질투
악한 생각
비방
헐뜯음
포악함
내어주고 떨쳐버리고 나면
알몸으로 추운 겨울을 보내야 할 텐데
비록 알몸이지만 따뜻하게 보낼 거야

이웃을 사랑하니까
그것이 행복의 보상이 될 거야

숙제

나의 중심으로 바라보는 것
모든 생명들
     사물들

내가 누구를 정죄한다는 것
나도 그럴 수 있음을

실수와 잘못을 용서하지 않는다면
용서 받기를 포기하는 것

삶은 배워가는 과정
함께 어우러져 살아가는 공동체

섣불리 판단하지 말자
설령 잘못이 있다면 대화로 풀어가자

나는 옳고
너는 잘못 됐다 하지 말자

우리는 모든 일에 완전할 수가 없기 때문이다

사랑하는가 보다

아침에 잠에서 깨어나면
그대가 있고
밥을 먹을 때도
일을 할 때도
나의 마음 한켠엔
그대가 있고
먼 길을 떠날 때도
머릿속에 맴돌고
마음 속 깊숙이
자리 잡고 살아가는
또 하나의 나
그녀를 사랑하는가 보다

회상

창가에 서서
밤하늘을 바라본다

수많은 별들의 속삭임

세월 따라 점철되어
낯 설은 공간에 나 홀로
그리움이 물밀 듯 밀려온다

꽃향기 스치던 바람결에
밀려왔던 그리움 지워 보내고
내일을 꿈꾸어 본다

아침이 오면 밤새워진 고통
다시 토해내고
상념에 잠기어
애환의 뜨락을 걸어본다

갈급한 심령의 목소리

메마른 이 산 영혼(산 사람을 가르킴)
생명의 물 한 방울 떨어지기만을
갈증으로 쓰러져가고

한 줌의 재가 되면
바람에 날리는
먼지 같은 산 영혼

언제까지
그 생명의 물 기다려야 하나

우리는

우리는 이 세상에서의 삶이 마지막인 것이다
죽은 후의 근심 걱정
모두 허구이며 허상일 뿐이다

죽은 후의 세상을 보았는가
볼 수도 보지도 못한다

작용의 연기법에 의하여
언젠가는 사라지는 촛불 같으니
사는 날(동안) 즐겁고 보람 있게 잘 살면 된다

내가 귀하면 남도 귀한 법
함께 귀하게 살아가야한다
그래서 우리는 하나인 것이다

봄날

봄 향기가 피어오르는 그 카페

차향이 코끝에 맴돌고
아름다운 꽃과 나비
그리고
벌,
수다 떠는
봄
날

다시 와보고 싶은

그

카
페

너와 나의 추억을...

예향

피아노 연주 소리
예향의 정원에
은은히 스며든다

창가에 반짝이는
나를 반긴다

깜빡 깜빡 윙크하는 불빛을 보며
살며시 미소를 지어본다

작은 공간
나를 반겨주는 듯
조명 불빛은 반짝이고 있다

모든 사람은 나의 스승

나의 스승
내가 알지 못하는 것
생각하고 있기에
그의 말에
귀 기울인다

아무도 차별 두지 말고
다 같이 품고
감싸는 마음
모든 사람
나의 스승이다

그대는 가을 여인

분홍빛 옷으로 치장한
가
을
여
인

저 멀리서
뽀얀 속살을 보이며

바람에
한
들
한
들
나를 오라 손짓하네

사랑의 미련

아직도 마음 깊은 곳
둘이서 마주 앉아
눈빛 사랑 나누던
지난날을 기억하고 싶어요

아직도 마음 깊은 곳
한 장의 쪽지
숨어서 읽어가던
지난날을 간직하고 싶어요

기다림은 사랑을
멀어지게 할 것 같지만
기다림은 사랑을
아름답게 해주리라
바라며 믿고 싶어요

유혹

내 영혼 그의 가신 길
닮아 보고 싶지만
양귀비 나를 유혹하네

당신이 걸어 온
그 발자취
따라가고 싶지만
양귀비 가로 막고 서있네

문을 걸어 잠그고
당신을 불러 보지만
어느새 양귀비
내 옆에 와있네

자유

자유는 어디로 갔는가
구속이라는 그늘진 벽
그대와의 소통을 가로막고

투명의 벽
그대와의 사랑은
마음으로 말을 하고

아~ 우리는 언제까지
자유여!
자유여!
자유여!

눈 뜬 장님

콘크리트 화분 속 십자가
밝게 타오르는 촛불
아름답게 불을 밝힌다

촛불 속의 하얀 심지
거짓 가식 의심 가득
하얀 삼겹살로 꼬여있네

제대 앞에 지팡이 눈 뜬 장님
촛불 속의 하얀 심지 볼 수 없다네

하늘이여!
하늘이여! 슬퍼하소서

십자가는 썩은 냄새 풍기고
지팡이는 눈 뜬 장님
촛불은 위선의 불 밝히네

하늘이여!
하늘이여! 슬퍼하소서

미움

미워하는
마
음

숨
이
막히고

답답하고

고통스러울 뿐

사람이 죽으면 어떻게 되나

사람은 죽으면
머리통 속의 뇌 기능인
그 의식이 뿅!! 하고 사라지니
자기가 죽어도 죽은 줄도 모릅니다

자식이 몇인지
명예 권력을 얼마나 누렸는지
잘난 이든 못난이든……

왜, 이것을 알아야 하는 뜻은

금생의 한생을 살며 죽는 순간까지라도
죽어서 어디 간다 어떻게 된다

걱정 근심하지 말고
사랑하는 이들과 함께 즐겁고 행복하게
잘 살아라 하는 가르침에 참뜻이 있는 것입니다

외로움

인생의 외로움
사람들과의 어울림

세월은 가고오고 있지만
외로움은 떠날 날이 없고

웃음을 보이지만
기뻐서 웃는 웃음도 있겠고

웃는 모습으로
보여주기 위하여
흉내 내는 웃음도 있겠지

할미꽃

할미꽃 보고 싶어
호랑나비 되었으면

할미꽃 보고 싶어
벌이 되었으면

창틀 사이 빠져나와
할미꽃 보러 갈 텐데

할미꽃 일곱 해 기다리다

꼬부랑 꼬부랑

못난 선인장

회색 빛 높은 담
콘크리트 대형 화분
가시 돋힌 못난 선인장
벌과 나비들 외면하고
언제나 외롭고 고독한 선인장
묵묵히 잘도 견뎌 살고 있네

먼 훗날 예쁜 꽃을
활짝 피워 보이면
벌과 나비 떼
모여들고 좋아하겠지

그날을 기다리면서

詩에세이

지옥 그리고 천국

　생사란 원래 실체가 없는 공으로 무상한데 본래 과거 현재 미래는 없고 이 순간만 있는 것 진리를 모르는 우둔한 자기를 삶에서 보고 듣고 경험한 과거에 얽매이고 오지 않는 미래를 전전긍긍하며 이 순간 진짜 행복한 천국은 보지 못한다 세상사 그 어느 것 하나 찰라생 찰라멸 무상하여 실체가 없어 붙잡을 수 없는데 진리를 모르는 어리석음이 늘 과거와 미래가 사실인양 스스로 붙잡혀 괴로움을 만들어 살아간다 이것이 지옥이 아닌가 지옥과 천국은 어디에 있는 것이 아니다 작용의 연기법으로 마음에서 만드는 것 극락(천국) 역시 생각관념이다 천국이 하늘에 있다면 날으는 새가 먼저 갈 것, 이라 했다 지옥의 기원은 어디에서 유래되었는가? 고대 히브리인들은 지옥을 스올 또는 하데스라고 한다 후세에 와서는 불타는 꺼지지 않는 고초의 장소로 쓰여 지고 있다 케헨나, 알아본 결과 스올, 하데스는 살아있는 모든 자를 위한 무덤 만남의 장소임을 알 수 있었다 그 기원을 거슬러 올라가면 당시에 힌놈 골짜기가 있었다 이곳은 예루살렘 외곽에 있는 골짜기인데 그 시대 예루살렘 주민들은 이 골짜기를 쓰레기 처리장으로 사용했다고 한다 그들은 늘 불이 꺼지지 않도록 했다 그래서 그곳을 케헨나, 꺼지지 않는 불지옥으로 사용하게 된 것이다 사후에 심판 받는 교리를 만들기 위해서였다 그래도 우리 모두는 지옥과 천국이 실제 있다고 믿을 것인가 우리는 이 세상에서의 삶이 마지막인 것이다 죽은 후의 걱정 근심 모두 허구이며 허상일 뿐이다 죽은 후의 세상을 보았는가 볼 수도 보지도 못한다 작용의 연기법에 의하여 언젠가는 사라지는 촛불 같으니 사는 날 동안 즐겁고 보람 있게 잘 살면 된다 내가 귀하면 남도 귀한 법 함께 귀하게 살아가야한다 그래서 우리는 하나인 것이다

제 **4** 부

평화로운 사람들

어머니의 체온

어머니 당신이 보고파서
따스한 손길이 그리워져
꿈을 꾸며 눈물을 흘려봅니다

가슴에 콧물 닦는 손수건 달고
당신의 체온이 느껴지는
손을 꼬옥 잡고
소학교에 입학하던
그 시절이 그리웁습니다

언제 당신의 따스한 체온을
느껴 볼 수 있을는지요

그 날이 오기만을 기다려봅니다

갈망의 닻

밤 세워 그 하늘엔
별이 돋아도
아쉬움만 여울목가에
맴맴 돌고 있네

풀잎에 내린 이슬
긴긴 밤 스쳐간 이슬방울
동 트면 마음이 얼룩져있네

그 아픔 차올라
웃음 띠우는
허상으로 뭉쳐진 갈망의 닻
풀고 또 풀고 있네

지팡이

걸음걸이 어설픈 노인
지팡이에 의존 길을 나선다

지팡이 있어도 힘겹게 걷다가
땅바닥에 자리 잡고 앉아
긴 한숨 내쉬며 지나가는 사람
물끄러미 쳐다본다

무슨 생각 할까?

지나온 세월
파란만장한 젊은 시절

먼 훗날
나의 모습을 바라본다

초라하게 변해버린...

저 노인처럼

점 하나

광활한 대 우주 속 점 하나
언젠가는 먼지 되어 떠돌아다니겠지

지금 숨을 쉬며 나를 움직이지만
그 날이 오면 바람이...
나는 떠다니는 우주 속의 먼지일 뿐
끝없는
욕망,
욕심,
우월감
모두 소용없는 일

점 하나로 세상에 나와
먼지 되어 우주 속 늘 배회할 텐데

독도는 대한민국의 자존심

울릉도 작은 섬 동해의 푸른 바다
덩실덩실 춤추며 갈매기 떼 날아든다

대한의 아들들 독도 수호를 위해
밤낮으로 갈매기 노랫소리 듣고 마음 달래네

일본제국주의는 독도를 자기들의 땅이라고
아무리 부르짖어도
독도는 우리의 조상들이
후손에게 물려주신 소중한 유산이다

우리 대한민국 아들딸들의 자존심이 달려있는
우리의 국토
우리도 독도를 지키며
영원히 후손들에게 유산으로 물려주자

빛나는 무궁화

임께서 좋아하시는 꽃
한 민족의 마음 밭에 뿌리 내려
혼과 얼이 되어 숨 쉬는 꽃
그 꽃길을 걸어갈 때마다
임의 모습이 스쳐지나갑니다

우리 민족에게 무궁화를 알리고자 했던
임은 떠나가고 없지만
무궁화는 이렇게 피어있습니다

한 때는 무궁화를 씨 말려 버리려했던
일본 제국주의
오욕과 설움 어떠한 굴욕에도 굴하지 않고
삼천리강산에 화려하게 피어있습니다

무궁화를 지켜온
우리 민족의 끈기와 긍지가 자랑스럽습니다

대한민국의 아들딸들이여!
그 향기가 전 세계에 퍼져나가
우리 민족의 자랑스러움을 빛내리라

무궁화여! 무궁화여! 무궁화여!

바보

나는 바보
바라볼수록
기쁨을 주는 사람

바보는 이웃에게
기쁨과 편안함을 준다

내가 아닌 그대가
뛰어남을
보여줄 수 있도록 배려한다

나는 바보
남을 위한 사랑
나의 배려
기쁨을 주고
편안함을 주는 사람
세상은 평화로워질 거야

환상의 여인

밤마다 찾아오는 나의 임
머리카락 내음새 향기로와라
임의 눈망울은 맑고 깨끗하여 놀란 토끼 같구나
임의 입술이 닿을 때면 달달하게 느껴오는군요
임의 배꼽은 달달한 포도주를 가득히 부은 잔 같고
허리와 엉덩이는 고려청자 같군요

입은 어찌 이리도 아름다운고
반짝이는 신을 신은 신발은
아름다워서 빛이 흐르고
넓적다리는 둥글고 매끈하여
나를 유혹하게 하는 군요
나 임의 곁에 영원히 있을 수만 있다면
행복하다오 행복하다오

별들이 속삭이던 그 밤

별들이 속삭임을 나누던 칠흙 같은 어둠 속
반짝반짝 속삭임을 나누고 있던 별들
여기저기 날아다니는 반딧불
어디선가 들려오는 총성소리
고요했던 적막의 소리는 깨어진다

밀려오는 무시무시한 검은 발자국 소리
땅이 꺼져 내려앉듯이
두려움과 절망감으로
온 몸에 전율을 느끼게 한다
왕 두꺼비 같기도 하고
왕 개구리 같기도 한데
머리는 붉은 색이다

깜짝 놀란 별들은 모두 흩어지고
하나의 별은 땅에 떨어지고 만다

깨끗한 마음

마음속에 간직한
깨끗하고 맑은 물

나만 간직하기엔
아까운 물

다시 토해낸다

정화된 그 물

세상 사람들에게
흘러들어간다

인간은 작은 거인이다

 어둠이 짙은 하늘아래 고층건물에서 비춰오는 각양각색의 아름다운 조명 불빛 도로 위를 달리는 자동차 어디론가 바쁘게 걸어가는 사람들 밤 도심의 야경은 아름답다 인간은 작아 보인다 그러나 인간의 두뇌는 세상을 삼킬 만큼 크다 정밀한 계산에 의하여 지구상의 모든 것을 만들어낸다 그 위대함을 실감하지 않을 수 없다 그런데 무엇 때문에 이렇게 위대한 인간이 마음을 쉽게 다치는 것일까? 인간은 작지만 세상을 지배할 수 있는 작은 거인이다 사소한 잘못을 용서할 줄 아는 큰마음으로 살아가야 되지 않을까? 지금 높은 곳에서 인간이 이뤄낸 것을 한 눈에 바라보듯이 마음을 넓게 가져야 하며 사람의 실수와 잘못을 포용할 수 있는 사람이 되어야한다

나만 아는 사람

나만 아는 사람, 나를 알리는 것
잠시 생각
내가 인정받을 수 있는 것
남을 인정하고 받아드릴 줄 아는 겸손이다

제일이란 생각 접어두고
남도 제일이 될 수 있다는 것
생각할 여유를 가졌으면
잘 자랐다고 인정해 달라고 보채는 것
비웃고 있음을 아는가

인성
성품
사고력
뒤돌아 볼 수 없을까

인정받을 수 있는 것
돈, 명예, 지위도 아니다

어떤 사람으로 기억되고 싶은가!

평화로운 사람들

목적지를 향한 여정, 멀다고 느껴진다
처음 보는 사람들 어색함도 잠시뿐

음식을 나르느라 분주한 여인네들
자기 일처럼 한다, 참 예쁘고 아름답다

한 사람 한 사람 관심 있게 보면서
말 한 마디 한 마디 기억 속에 남겨둔다

부익부 빈익빈 차별 없이 보여 지는 말과 행동들
내가 추구해 왔던 그런 세상이 아닌가
마음 문을 활짝 열고 그들과 함께 합류 한다

웃는 세상 - 우리는 하나다

돌탑도 불상도 빙그레 미소 지으며 웃고 있다

아침에 집을 나서면 까치도 까마귀도
반갑다고 웃고 있다
나무들도 꽃들도 미소 지으며
"예뻐해 주세요"
하고 손짓 한다

가까이 다가서서 꽃처럼 환한 미소를 지어보면
어느새 내 마음은 밝아진다

온 세상이 웃는 세상이 되었으면
웃게 하는 세상이 되었으면
하나 된 밝은 세상이 되었으면

사별과 이별

촛불이 꺼지면

불은 사라지는데

눈빛으로 나누던

그
시
간
속

헤어져야 하는

아픈 슬픔

언젠가는

촛불 되어

사라져야 하는데

여자와 남자

여자에게는 모성본능
사랑의 깊이도 깊다
상황판단도 뛰어나다

남자는 한 직장에서 일을 하지만
여자는 많은 가사 일로 바쁘게 살아간다

남자들이여!
여자의 능력을 인정하자
그의 고통을 알아주렴

하지만, 꼭 있어야 할 남자
그래서 人間이라고 부르는 것이 아닐까

서로 의지하고
부족하면 받쳐주고
함께 살아가는 뜻일 게다

내 뼈 중의 뼈요 살 중의 살이로다

추억을 떠올리며

아름다운 사람들
함께 어우러져
소통을 나누던 그 날

좋은 추억으로
마음속에 자리를 잡고

나쁜 추억들이
나를 아프게 하지만

시간이 지나고 나면
더 성숙한 사람으로
승화시켜 주는 것

참고 인내하면
좋은 추억이 되리라

보고 싶은 사람

보고 싶고
생각나는 사람

꿈속에서도
잠을 설치며
기억 속에
주마등처럼
스쳐지나간다

설
레
임
콩닥 콩닥

새벽이 오면
서서히 묻혀 진다

시를 쓰려고 하는 사람

시인은 생각을 먹고 사는 것
진리의 그리움이라고도 말할 수 있다
우리가 추운 겨울에 햇빛을 찾는
생리적 현상이듯이
시인이 아름다움을 갖고자함은
햇빛을 찾는 것과 다를 바 없다
시인의 생각은 한없이 넓다
우리가 시를 쓴다는 것은
고해 위에 띄운 범선에 비유할 수 있다
서투른 노를 저어가면서
때론 풍랑도 만나 배가 좌초되고
파손되며 배를 수리하면서
먼 길을 헤쳐 나가야 하는 것이
시인의 삶이라고 말할 수 있다
그러므로 시를 쓰려고 생각을 갖고 있다면
우리는 처음 노를 젖고
넓은 바다로 나가야하는 것처럼
세상의 수많은 역경과 어려움이
나에게 올지라도 참고 견디며
모든 것을 헤쳐 나갈 수 있는 자세가 필요하다

시를 쓰려고 하는 분 그리고
시인이라면 많은 생각을 해야 한다고 생각합니다

나와 분변

 일체 만물은 생명의 활동으로 배설하는 이치다 분변은 지각하지 못하고 몸속에서 머물면 깨끗하고 몸속에서 빠져나오면 더럽다한다 처음부터 이것을 깨끗하다고 했다면 우리는 깨끗하다고 믿었을 것이다 조건에 따라 작용의 연기법으로 찰라 생멸하고 현상으로 나투함이니 모든 사람은 무지의 시비 분별을 더럽다 깨끗하다 상을 낸다 분변도 수목채소를 만나면 귀한 영양분이 되고 강으로 바다로 흘러가면 온갖 해초 물고기가 먹고 이것을 맛있게 요리하여 한 끼 밥상 위에 놓이면 그것을 먹으며 행복함이 넘치리라 분변이 돌고 돌아 다시 내 몸속으로 들어오고 진정 존재와 현상의 이치를 모르는 마음 분변도 이처럼 관계 속에서 일체 만물과 통하여 전체로서 하나이며 개체로서 본래 면목을 드러내니 그래서 하나라 말하리라 '이 세상에는 더러운 것이 없다.'란 뜻이다 더러운 것이 있다면 마음에서 나오는 악한 생각일 뿐인 것이다

기도(祈禱)

 우리는 뭔가 큰 일이 생겨올 때 어떤 초월적인 존재를 만들어 하나님 또는 부처님 상을 의지하며 해결하기 위하여 소원 성취해 달라고 기도 한다 그것은 어머니 뱃속에서 나와 삶 속에서 경험된 나의 잘못된 습관에 젖어 있기 때문이다 작용의 연기로 나투한 사람이나 모든 만물은 평등하며 다 소중하다 우리가 없는 대상에 간구한 철야기도 등은 참으로 어리석은 일이다 아난이란 사람이 붓다에게 묻는다 진정한 기도란 무엇입니까? 붓다가 아난을 데리고 연못 속에 흰 돌 가운데 까만 돌을 보며 "아난아! 까만 돌이 기도한다고 뜨더냐" 아난이 말한다 "아닙니다 연못 속에 들어가서 꺼내야합니다" 기도란 그렇게 몸소 실천하는 것이다 사실 바른 기도는 관계 속에서 서로 존중하여 또 탐욕을 버리고 지금 가진 것에 만족하며 지금 사회에서 대우 받지 못하고 음지로 내몰린 소외된 약자에게 자비심으로 실천하는 행위를 기도라고 생각 한다

꿈틀대는 생명체

밟으면 본능 적으로 살겠다고
꿈틀대는 생명체

어느 찰나 조건에 의하여 빛을 보고 있지만
원해서 된 것은 아닐 진데...

기어 다니는 벌레 순간 밟아 버리고

꿈틀대며 죽어가고 있다

마지막 순간까지 발버둥치는 생명체
그래 살고 싶구나, 미안하다

손가락으로 살포시 집어
너가 살기 좋은 곳으로 보내 줄께

살아가는 동안만이라도
살게끔 해주는 거
힘 있는 자의 소임이라는 거

오늘날의 현실은 어떠한가?...

영혼 불멸

 영혼이란 단어는 히브리어에서 네페쉬, 그리스어로는 프시케를 번역한 것입니다 네페쉬는 문자적으로 호흡하는 생명을 의미하지요 프시케는 살아있는 인간 그 자체를 뜻하는 것입니다 그리고 보면 영혼이란 그 생물 전체를 말하는 것입니다 몸은 죽어도 살아남는 내면의 어떤 것이 아닙니다 성서는 영혼을 죽는다고 말하고 있습니다 (히브리어 성서 에스겔 18:4.20 참조) 현명한 분이라면 내가 곧 산 영혼이라고 말할 것입니다 '내가 살아 있을 때 내가 바로 영혼이다.'는 뜻입니다 그러므로 이 영혼 불멸은 종교에서 사후 상벌에 대하여 교리를 만들려다 보니까 죽지 않는 무언가 있어야 되기 때문에 영혼불멸이라는 교리를 만들게 된 것입니다 그 영혼불멸 신앙의 기원을 알아봅시다 고대 그리이스 철학에서 들어 왔다고 (브리테니커 백과사전)은 알려주고 있습니다 몸과 영혼을 이분법적으로 나누는 개념은 고대 그리이스인들에 의해 유래하였다는 사실을 알아야합니다 그래도 우리는 영혼 불멸의 진리를 믿을 수 있겠는가?

웃어 보련다

햇님도 나를 보고
활짝 웃고 있네

저 멀리 보이는 돌탑
나를 보며 미소 띄우네

우리 함께 웃어 봅시다

詩에세이

나는 사후에 어떻게 될 것인가

　나는 존재가 아님을 알았다 늘 조건에 의하여 작용에 따라 변해가고 있다는 것을 알았다 내가 배워 온 신학대학에서는 몸과 영혼이 따로 분리된다는 것이다 육체가 죽을 때 실제 죽는 것이 아니라 영혼이라는 것이 있어서 몸과 영혼이 분리된다고 배워 왔다 그래서 사후 형벌이라는 것이 있다고 그러나 이것은 인간이 만들어낸 것임을 알았다 그 신앙은 메소포타미아 지역의 초기 수메르인과 바벨로니아인에게 소급 한다 후에 그리스도인이 그 신앙을 받아들였고 플라톤과 같은 그리이스 철학자들이 그 이론을 고상한 것이 되게 하였음을 알았다 카톨릭에서 말하는 연옥은 어떠한가 카톨릭에서 이렇게 말한다 이 교리가 6세기에 공식화되었으며 프로텐소 공의회에서 1439년에 교리를 선포했다 이것 또한 인간에 의해 만들어진 것임을 알았다 우리 인간은 너무나도 어리석은 것 같다 우주 만물이 조건만 되면 작용에 의하여 늘 변해가고 있음을 안다면 이 모든 것이 허구임을… 인간이 만들은 교리라는 것을 알 텐데… 우리가 어머니 뱃속에서 나와서 듣고 보고 배우고 경험한 것만 진리인 것처럼 믿고 있기 때문이다 모든 것을 다 내려놓고 생각해 보자 그대는 무엇을 보았는가? 나는 고대에 살았던 이스라엘 왕 솔로몬을 존경 한다 그는 그리스도인들이 신봉하는 하나님을 섬기는 왕이다 그도 이렇게 말하고 있다 (히브리어 성경 전도서 9:2절 10전) 참조 모두가 결말을 맞으니 의로운 자나 악한 자나 더러운 자나 똑같다고 내가 들어갈 무덤에는 일도 없고 계획도 없고 지식도 없고 지혜도 없다고 그런데도 영혼 불멸을 믿겠는가 살아있는 내가 바로 산 영혼이라고 생각해 본다 지옥의 교리 연옥의 교리 영혼 불멸 지금도 우주 만물은 잠시도 쉬지 않고 조건만 되면 작용의 연기법 조금씩 변해가고 있다 사라지고 있다는 사실을 알고 있는가? 누구도 부인할 수 없는 사실이다

맺음의 글

죽은 사람은 어디에 있을까?

이 글을 매듭지으며 미천함에도 감사함으로 삶을 정돈해 봅니다.

여러분 궁금하지 않습니까?
저도 궁금했었습니다.
사랑하는 사람을 사별하는 것은 매우 슬픈 일입니다. 모든 사람들은 가능한 오래 살려고 애를 쓰면서도 자신은 물론이거니와 모든 생명체들이 죽으면 어떻게 되는지 궁금해 하고 있습니다.

우리는 이런 질문을 하게 됩니다.
아주 자연스런 질문이지요.
모두가 궁금해 하는 것이니까요.
사람이 죽으면 어떻게 될까.
고통을 당하고 있을까.
우리가 도와 줄 수 있을까.
다시 만나게 될 수 있을까.
참 궁금합니다.

이 세상의 종교에서도 제각기 다른 답을 제시하고 가르치며 심지어는 입맛에 맞는 교리를 만들어 그것이 실제인 양 가르치고 있지요. 한 가지 예를 들어 볼까요. 대부분의 종교에서는 선하게 살면 천국에 가지만 악하게 살면 불타는 지옥에서 고초를 당할 것이라고 가르치고 있습니다. 또는 사람이 죽으면 영들의 세계로 옮겨가서 조상들과 함께 있다고 가르치며 어떤 종교에서는 죽은 사람이 지하세계로 옮겨가서 심판을 받은 다음 환생 한다 혹은 다른 몸으로 다시 태어나게 된다고 가르치는 종교도 있다는 것입니다. 그리고 보면 모든 종교의 가르침에는 한 가지 공통적인 기본 사상이 있음을 알 수가 있습니다. 그것이 무엇일까요. 육체가 죽을 때 사람의 일부가 살아난다는 것입니다.

현재의 모든 종교의 가르침은 사람이 보고 듣고 생각할 수 있는 상태로 어떤 식으로든 영원히 산다고 말입니다. 어떻게 그럴 수 있겠습니까. 여러분! 보셨습니까. 사람의 의식과 생각은요. 모두 뇌의 작용과 연관되어 있습니다. 사람이 죽을 때 뇌의 기능이 중단되지요. 그렇습니다. 사람의 기억력과 감각과 의식은 어떤 신비스런 방법을 통해 독자적으로 계속 기능을 발휘할 수 없습니다. 뇌를 못 쓰게 되면 그러한 기능들도 살아있을 수 없기 때문입니다. 사람이 죽으면 더는 존재하지 않는다는 것이지요. 이쯤에서 저는 그 유명한 솔로몬 왕은 어떻게 말하고 있는지 들려 드리겠습니다. "무덤 속에는 일도 없고 계획도 없고 지혜도 없다. 그리고 사람이 죽으면 그 생각도 소멸된다."고 말하고 있습니다. 우리의 생명은 양초의 불꽃과 같습니다. 불꽃이 꺼지면 어디로 가는 것이 아닙니다. 그저 없어져 버릴 뿐이지요. 우리 인간은 죽으면 흙으로 돌아갑니다. 죽은 후에 어떤 고통이나 마음 아픈 일을 겪지 않습니다. 또한 죽은 사람은 우리를 이해할 수 없기 때문에 두려워할 이유도 없습니다. 죽은 자는 우리의 도움도 필요하지 않습니다. 또한 도와 줄 수도 없습니다. 죽은 자에게 말을 할 수도 없고 우리에게 말을 할 수도 없습니다. 그런데 왜 무엇 때문에 세상의 많은 종교지도자들은 몸이 죽은 후에도 영들의 세계에서 살 것이라고 가르치는가요. 그 문제를 알아 보기위해서는 오직 성서를 통해서만 알 수가 있을 것입니다. 그들은 그 책을 통하여 교리를 만들었기 때문입니다. 성서가 거짓이든 참이든 문제가 될 것은 없습니다. 또 성서를 통하여 종교를 믿으라는 것도 아닙니다. 그들이 만들어 낸 교리가 올바른 것인가를 알아보라는 뜻입니다.

  이 글을 마치면서 종교를 거론하고자함은 아니지만 저의 생각을 함께 맺음으로 적어봅니다. 여러분도 저와는 또 다른 많은 생각을 하는 시간이 되었으면 합니다. 감사합니다.

에필로그

서상천 시인의 『심상의 숲』
詩에세이 리뷰

심 애 경
(시의전당문인협회 회장)

　서상천 시인의 [심상의 숲] 詩에세이집 출간을 진심으로 축하드립니다. 시인은 시의전당문인협회의 양산지회장과 자문위원으로 활동하며 특히 시낭송으로 회원들과 독자들에게 큰 울림을 주고 있습니다.

　시집 [심상의 숲] 詩에세이집을 읽어보면 특유의 영혼의 삶과 평화로운 가락을 자연스럽게 흐름을 부추기며 우리의 전통적인 세계를 현대화로 구현하여 섬세한 감정의 진폭까지 깊고 넓게 드리우는 모색의 열정이 남달랐습니다. 특히 맑은 하늘처럼 경지까지 올라 삶의 진리를 자연스럽게 되새기게 하는 경구마다 울림이 깊었습니다.

　시인의 건승과 문학의 장도를 축원 드리며 독자들에게 생동감을 주는 화자의 작품이 책으로 선보이게 되어 기쁨으로 상재를 축하드립니다.

> 발행인의 말

"살아있으니까 참 좋다." 라는
인생 가치관으로, 쉴 곳을 찾는 이들에게
가장 먼저 위로가 되고 싶은 서상천 시인

서평 박 선 해

　단어 하나가, 한 줄의 문구가 우리 삶에는 엄청난 파급력을 갖는다. 먼저 이 시집에서 주목이 되는 p17「이것이 인생이란다」를 보면 자연의 변화와 무구한 인생의 순환을 잎새의 시선으로 담담하게 풀어내고 있다는 점이다. 초록으로 물들고 꽃이 피는 화려한 시절을 지나 결국 한 잎 두 잎 땅에 떨어져 거름으로 재생하는 자연의 이치 속에서 인간의 삶을 비유한 점이 인상적이다. 저자 자신이 자연의 아름다움을 즐기고 찾아다니는 인간 생활의 본 모습을 통하며 우리가 흔히 누리는 젊음과 영광의 순간이 영원하지 않음을 자각하게 한다. 잎새가 "사람아! 사람아!" 하고 부르는 대목에서는 자연의 목소리를 빌려 인생의 진실을 조용히 일깨우는 울림이 느껴진다. 화려했던 시절이 지나면 그 끝에는 누구나 결국 떨어지고 밟히게 된다는 사실을 원망이나 탓이 아닌 순리로 받아들이는 태도는 시인이 자연에서 생을 깊은 성찰을 하고 있음을 알 수 있다.

더욱이 "묵묵히 순리대로 살아가는 것이 인생이란다"는 구절은 계절의 흐름과 인생의 흐름을 겹쳐보며, 독자에게 삶의 본질과 순응의 미덕을 생각하게 한다. 자연과 인생을 연결하는 비유가 자연스럽고, 간결한 언어 속에 깊은 의미를 담아낸 점이 돋보인다. 저자의 본연의 마음으로 독자에게 잔잔한 여운과 함께 삶의 순리를 받아들이는 겸허함을 일깨워주는 수작이라 평가할 수 있다.

P20「살아있으니까 참 좋다」서상천 시인의 장점은 주제의 명확성이다. '살아있음'의 기쁨과 감사함을 담백하게 그려낸 산문시로, 일상 속 작은 순간들을 따뜻한 시선으로 바라보는 저자의 진솔한 마음이 잘 드러난다. 믹스커피 한 잔, 달리는 차창 밖의 푸른 나무, 사랑스러운 반려동물, 그리고 예술 활동까지 — 삶의 소소한 기쁨들이 하나하나 소중하게 묘사되어 있어 독자에게도 잔잔한 행복감을 전해준다. 반복되는 구절은, 평범한 일상에 대한 감사와 생명에 대한 경외를 강조하며 글의 주제를 명확히 드러낸다. 자연과 예술, 그리고 사랑하는 존재들과의 교감이 곧 천국이자 낙원임을 깨닫는 마지막 문장은, 삶의 본질적인 아름다움을 일깨워준다. 문장이 간결하고 솔직하여 읽는 이로 하여금 쉽게 공감할 수 있도록 했으며, 일상에서 흔히 지나칠 수 있는 것들에 대한 소중함을 다시 한 번 생각하게 한다. 삶에 대한 긍정과 감사, 그리고 소박한 행복의 가치를 잘 담아낸 따뜻한 작품이다.

P24 「마음의 눈」은 일상의 소소한 아름다움과 인간 내면의 시선을 따뜻하게 그려낸다. 들풀, 들꽃, 벌과 나비, 곤충, 강아지, 고양이 등 자연과 동물들의 모습을 통해 세상에 존재하는 다양한 아름다움을 섬세하게 포착한다. 단순히 외적인 아름다움만을 말하는 것이 아니라 그것을 바라보는 '마음의 눈'의 중요성을 말한다. "아름답지 못한 것도 있겠지만 그것 역시 마음먹기에 달려 있는 것이 아닌가"라는 구절은 세상을 바라보는 우리의 태도와 시각이 얼마나 중요한지를 표해 준다. 예수의 말을 인용하며 더럽고 추한 것은 외부가 아니라 마음에서 비롯된다는 점을 상기시키는 대목도 인상적이다. 이로써 저자는 내면의 순수함과 긍정적인 시선을 유지하는 것이 얼마나 소중한지, 그리고 그것이 곧 세상을 아름답게 만드는 힘임을 전달하고 있다. 또한, 동물들에게도 사랑과 애정을 쏟으면서, 정작 사람들에게는 상처를 주거나 무심해질 수 있는 인간의 이중성을 지적한다. "우리가 세상에 살아가는 동안만이라도"라는 마지막 문장은 짧은 인생 동안 서로를 아끼고 사랑하자는 따뜻한 메시지가 있다. 독자의 마음을 울린다. 결국 사람과 동물은 우주 만물의 공동체인 자연이라고 하고 일상 속에서 쉽게 지나칠 수 있는 아름다움을 다시금 발견하게 해주고 세상을 바라보는 시선을 한 번 더 돌아보게 만드는 힘이 있다. 짧지만 깊은 울림을 주는 글로 바쁜 일상 속에서 잠시 멈춰 서서 마음의 눈을 열어보아도 좋겠다.

P29 「설중매」는 눈보라와 매서운 바람 속에서도 꿋꿋

이 피어나는 매화꽃을 통해 진정한 아름다움과 그 이면의 고통, 그리고 세상에 전하는 메시지에 대해 깊이 있게 성찰하는 시적 산문이다. 단순히 꽃의 아름다움을 찬양하는 데 그치지 않는다. 설중매, 즉 눈 속의 매화는 혹독한 환경 속에서도 빛을 내기 위해 자신을 드러낸다. 이는 곧, 외적인 아름다움뿐 아니라 그 뒤에 숨겨진 인내와 고통, 그리고 이를 견뎌낸 존재만이 가질 수 있는 진정한 가치와 향기를 상징한다. 그 향기에 매혹되어 시심을 일으키니 매화와 시, 시인은 따로 생각할 수 없는 트라이앵글이다.

저자는 세상에 많은 꽃, 즉 아름다운 존재들이 있지만, 그 아름다움이 진실된 마음과 올바른 메시지로 이어져야 한다고 강조하며 아름다움에 대한 책임의 소중함을 내포하고 있다. 단순히 화려하게 피어나는 것이 아니라, 세상 사람들에게 아름다운 마음과 진리의 참뜻을 전해야 한다는 당부가 인상적이다. 이는 오늘날 외적인 성공이나 아름다움에만 치중하는 사회에 던지는 묵직한 메시지로 읽힌다. 특히 "너를 품고 있었던 큰 꽃은 찬바람 찬 서리 맞아가면서도 너보다도 많이 힘들었단다"라는 구절은 모성이 설중매가 세상에 피어나기까지의 배경에 있는 어머니와 같은 존재의 희생을 떠올리게 한다. 우리의 삶 역시 누군가의 헌신과 희생 위에 피어난 것임을 다시금 일깨워준다. "사람들에게 이쁨 받고 사랑받는 아름다운 향기를 줄 수 있다 꽃이 되어 살아가주렴"이라는 바람은, 우리 모두가 겉모습뿐 아니라 마음과 행동으로도 아름다운 향기를 남기는 존재가 되어야 함을 일깨워준다.

「설중매」는 짧은 글이지만, 그 안에 담긴 깊은 사색과 따뜻한 시선이 오랫동안 마음에 남는 작품이다. 혹독한 겨울을 이겨내고 피어난 매화처럼, 우리도 각자의 자리에서 진정한 아름다움과 향기를 품고 살아가야겠다는 다짐을 하게 된다.

p32 「흰 봉투」는 장례식장에서 흔히 볼 수 있는 풍경을 통해 인간의 삶과 죽음, 그리고 그 사이에 놓인 욕망과 허무함을 성찰한다. 시인은 '흰 봉투'라는 상징적 소재를 통해 애도의 진정성이 무엇인가를 깨달을 시간을 주고자 한다. 인간 내면의 욕심을 날카롭게 드러낸다. '흰 봉투'는 장례식장에서 조의를 표하는 금전적 봉투로 우리 사회에서 형식적으로 자리 잡은 관습이다. 시인은 "저마다 흰 봉투 쥐고 있었네"라는 구절을 통해, 슬픔의 자리마저 물질적 이해관계가 스며든 현실을 꼬집는다. 이어지는 "상주들 아이고 아이고 / 눈동자는 어디에 있는가"라는 표현은, 상주조차 진정한 슬픔보다는 외적 의례에 치우쳐 있음을 암시한다. 중반부에서 "욕심이 잉태하면 / 죄를 낳고 / 죄가 장성하면 / 죽음일 텐데"라는 구절은, 인간의 끝없는 욕망이 결국 죄와 죽음으로 이어진다는 성찰을 담고 있다. 저자는 기독교적 세계관의 영향을 받은 듯하다. 인간의 본질적인 한계와 허망함을 강조하고 있다. "흰 봉투에 관심 두지 말고 / 애도하는 진정한 마음 함께 하세"라고 말

하며, 형식적이고 물질적인 애도에서 벗어나 진실한 마음으로 고인을 추모할 것을 권유한다. 마지막 연에서는 "우리도 언젠가는 사라지고 말걸세 / 죽음을 맞이할 걸세"라고 하며, 죽음 앞에 모두가 평등함을 상기시키고, 삶의 본질에 대해 다시 한 번 생각하게 만든다. 「흰 봉투」는 장례식이라는 일상적 사건을 통해, 인간의 욕망, 죽음의 불가피함, 그리고 진정한 애도의 의미를 깊이 있게 성찰하도록 이끄는 작품이다. 시인은 날카로운 시선과 간결한 언어로, 우리 사회의 관습과 인간 내면의 허상을 드러내며, 독자에게 삶과 죽음에 대한 근본적인 질문을 스스로에게도 던져보길 희망하고 있는 메시지다.

P41 「떨어진 동백꽃」 '떨어진 동백꽃'은 자연의 한 장면을 빌려 삶의 변화와 이별, 그리고 성장의 아픔을 섬세하게 담아낸 시이다. 시인은 동백꽃의 성장과 시들어 감을 통해 인간의 삶과 감정을 은유적으로 표현한다. 초반부에서 동백꽃은 "활짝 웃고 있다"는 밝은 이미지로 등장한다. "뽀얀 속살을 내보이며 수줍어했던 너"라는 구절은 꽃의 순수함과 청초함, 그리고 아직 미성숙했던 시절의 모습을 떠올리게 한다. 그러나 "작용의 연기법으로 큰 꽃이 되어 있구나"라는 표현은 시간이 흐르며 성장하고 변화한 모습을 보여준다. 여기서 '연기법'은 불교적 세계관에서 모든 존재가 인연에 의해 생겨나고 사라진다는 의미를 내포하며, 삶의 무상함과 덧없음을 시사한다. "세찬 바람", "눈보라", "하늘은 많은 불을 쏟아 붓고서"와 같은 자

연의 거센 힘이 등장한다. 이는 삶에서 마주하는 시련과 고난, 혹은 이별의 순간을 상징하는 중반부의 핵심이다. "누추한 모습으로 변해가는 너, 그리고 나"는 꽃뿐만 아니라 시인 자신, 나아가 우리 모두가 겪는 변화와 상실의 슬픔을 담담하게 그려낸다. "이젠 땅으로 떨어져야 하는데"라는 구절은 끝맺음과 이별을 암시한다. 그러나 "따뜻한 봄이 오면 봄바람 타고 멀리 아주 멀리 떠나가겠지"라는 후렴구는 새로운 시작과 희망을 암시하고 있다. 떨어진 꽃잎이 다시 바람을 타고 어디론가 떠나듯, 이별과 상실 뒤에도 새로운 삶이 기다리고 있음을 시인은 조용히 전한다.

인간의 성장, 시련, 이별, 그리고 새로운 시작이라는 보편적 삶의 흐름을 섬세하게 그려낸다. 자연과 인간의 삶을 겹쳐놓음으로써, 독자에게 공감과 위로, 그리고 희망의 메시지를 전한다. 담백한 언어와 절제된 감정이 오히려 더 큰 울림을 주는 아름다운 시이다.

P43 「어머니의 염원」에서 보면 생명 탄생의 찰나와 그 이후의 여정을 담담하면서도 섬세하게 그려내고 있는 대목이 있다. "꽃망울이 터지는 찰나의 순간"이라는 시작 구절은 생명의 시작, 혹은 새로운 존재의 탄생을 상징적으로 보여준다. 그 탄생의 소리가 "메아리"가 되어 온 세상에 울려 퍼진다는 표현은, 한 생명의 등장이 결코 작은 일이 아니며, 세상 전체에 영향을 미치는 사건임을 암시한다. 이후 "작용의 연기로 한 송이 꽃이 되어"라는 구절은

불교적 세계관을 떠올리게 하며, 모든 존재가 인연과 작용에 의해 나타난다는 깊은 의미를 담고 있다. 꽃은 단순한 자연의 산물이 아니라, 수많은 인연과 작용의 결과로 피어난 존재이다. 꽃이 세상에 나와 "바람에 흔들리며 장대비도 맞으면서" 살아가야 한다는 부분은, 인생의 고난과 시련을 상징한다. 이 험한 세상에서 어린 꽃이 잘 버텨낼 수 있을지 염려하는 시인의 시선은, 자식을 바라보는 부모의 마음이나, 후배를 걱정하는 선배의 마음과도 닮아 있다. "어린 꽃을 바라보고 지켜보는 큰 꽃들은 언제나 안도의 한숨만 내 쉰다"는 구절은, 인생의 선배들이 후배의 성장과 시련을 바라보며 느끼는 안타까움과 안도의 감정을 담고 있다. 이로써 시는 한 송이 꽃의 성장 과정을 통해 인생의 보편적 진리를 조용히 일깨워 준다.

짧은 시 속에 탄생, 성장, 시련, 그리고 그 과정을 지켜보는 이들의 마음까지 깊이 있게 담아낸 작품이다. 자연의 이미지를 빌려 인생의 깊은 철학을 전달하며, 독자에게 잔잔한 울림을 남긴다. 시적 언어와 상징, 그리고 절제된 감정이 어우러져 읽는 이로 하여금 자신의 삶과 주변을 다시 한 번 돌아보게 하는 힘이 있는 시이다.

P46 「봄의 산 속 식구들」은 생생하게 그려내며, 자연의 생명력과 조화로움을 따뜻하게 노래하고 있다. 시인은 우람한 나무, 춤추는 풀잎, 노래하는 새, 깨어난 다람쥐, 흐르는 개울물, 피어나는 꽃나무 등 산속의 다양한 존재들

을 '식구'로 표현함으로써 자연을 하나의 가족처럼 느끼게 한다. 겨울잠에서 깨어난 아기 다람쥐의 분주한 모습과 새들의 지저귀는 소리는 봄의 활기를 상징화하여 보여준다. 이 생명력 넘치는 모습들은 독자에게도 봄이 왔음을 실감하게 하며, 자연의 순환과 변화에 대한 경이로움을 말한다. "메말라 보였던 나뭇가지에 / 작용의 연기법으로 인하여"라는 구절은 불교적 세계관을 암시하며, 모든 존재가 서로 연관되어 변화하고 살아가는 모습을 시적으로 표현한다. 이는 자연과 인간, 생명과 생명 사이의 깊은 연대감을 일깨워준다. 산속의 작은 생명 하나하나에 주목하며, 그들이 만들어내는 봄의 하모니를 따뜻한 시선으로 포착한다. 자연의 아름다움과 생명력, 그리고 그 안에 깃든 조화로움이 독자의 마음을 환하게 밝혀주고자 한다.

P86「눈 뜬 장님」종교적 상징과 인간 내면의 모순을 예리하게 드러낸다. '콘크리트 화분 속 십자가', '촛불', '하얀 심지'와 같은 상징적 이미지를 통해 신성함과 위선, 그리고 영적 맹목 사이의 갈등을 그려내고 있다. '지팡이'라는 인물은 '눈 뜬 장님'으로 묘사된다. 이는 물리적으로는 볼 수 있지만, 영적으로는 보지 못하는 상태, 즉 진실을 보지 못하는 인간의 모습을 상징한다. 제대 앞에 서 있지만, 촛불 속의 하얀 심지를 볼 수 없다는 것은 신앙의 본질을 깨닫지 못한 채 형식에만 머무는 신자들을 비판하는 듯하다. '하늘이여! 하늘이여! 슬퍼하소서!'라는 반복적 외침은 절망과 슬픔, 그리고 신에 대한 탄식의 감정을 극대화한다.

십자가에서 '썩은 냄새'가 풍기고, 촛불이 '위선의 불'을 밝힌다는 표현은 신성함이 타락하고 있음을 고발한다. 신앙의 본질을 잃어버린 종교, 그리고 그 안에서 진실을 보지 못하는 인간의 한계를 날카롭게 비판한다. 외형적으로는 신앙의 의식을 지키고 있지만, 내면은 위선과 부패로 가득 차 있다는 메시지가 강하게 전달된다. 시인은 이를 통해 진정한 신앙과 자기 성찰의 필요성을 강조하고 함께 공감의 울림을 주며 메시지가 되길 바라고 있다.

P91「못난 선인장」은 콘크리트 화분 속에 외롭게 서 있는 '못난 선인장'을 통해 우리 사회의 소외된 존재, 혹은 자신의 가치를 아직 발견하지 못한 이들의 모습을 섬세하게 그려내고 있다. 벌과 나비가 외면하는 모습은 세상이 아름답고 화려한 것만을 추구하는 현실을 비판적으로 바라보게 한다. 하지만 선인장은 "묵묵히 잘도 견뎌 살고 있네"라는 구절처럼, 단순히 선인장을 노래하는 것이 아니라, 우리 모두의 내면에 있는 외로움과 소망, 그리고 인내의 미덕을 조용히 응원한다. 독자에게는 지금의 고독이 언젠가 꽃으로 피어날 수 있다는 희망과 위로를 전해주는 따뜻한 작품이다.

P97「갈망의 닻」은 밤하늘과 이슬, 그리고 마음의 얼룩이라는 자연과 내면의 이미지를 교차시키며, 인간의 갈망과 그로 인한 아쉬움, 슬픔을 섬세하게 그려내고 있다. 첫 구절 "밤 세워 그 하늘엔 / 별이 돋아도"는 밤새도록 깨어

있는 시인의 모습과, 그 밤을 수놓는 별을 통해 고요하지만 쓸쓸한 분위기를 자아낸다. 별이 떠오르는 아름다운 순간에도 "아쉬움만 여울목가에 / 맴맴 돌고 있네"라는 표현에서, 만족을 모르는 인간의 마음, 채워지지 않는 그리움이 여실히 드러난다. 여울목은 흐름이 모이는 곳으로, 아쉬움이 쌓이고 맴도는 장소로서의 상징성을 지닌다. "풀잎에 내린 이슬 / 긴긴밤 스쳐간 이슬방울"은 자연의 섬세한 변화를 포착하면서, 그 이슬방울을 "동트면 마음이 얼룩져 있네"라고 연결한다. 밤새 스며든 이슬이 아침이 되면 자취를 남기듯, 밤새 쌓인 감정은 아침이 되어 마음에 얼룩을 남긴다는 점에서 자연과 내면의 감정이 교차한다. 자연의 이미지와 내면의 감정을 섬세하게 엮어내며, 인간의 근원적인 갈망과 그로 인한 아픔, 허상, 그리고 반복되는 해방의 시도를 진솔하게 담아낸다. 짧은 시 속에 담긴 깊은 여운과 상징성, 그리고 반복되는 감정의 순환이 독자에게 잔잔한 울림을 남긴다. "갈망의 닻"은 누구나 마음속에 품고 있는 그리움과 아쉬움, 그리고 그것을 떨쳐내고자 하는 인간의 모습을 아름답고도 애잔하게 그려낸 시라 할 수 있다.

P98 「지팡이」는 한 노인이 지팡이에 의지해 힘겹게 길을 걷는 모습을 담담하게 그려내며, 삶의 노년과 인간의 유한함에 대해 깊이 성찰하게 한다. "걸음걸이 어설픈" 모습으로 등장한다. 지팡이는 단순한 도구가 아니라, 노인이 지나온 세월의 무게와 삶의 고단함을 상징한다. "힘겹

게 걷다가 땅바닥에 자리 잡고 앉아 긴 한숨 내쉬며"라는 표현은 노인의 지친 삶을 고스란히 드러낸다. 지팡이는 그의 삶을 지탱해주는 마지막 버팀목처럼 느껴진다. 화자는 노인을 바라보며 "무슨 생각 할까?"라고 묻는다. 이는 단순한 관찰을 넘어 노인의 내면과 그의 지난 세월, 젊은 시절의 파란만장함까지 상상하게 한다. 나아가 "먼 훗날 나의 모습을 바라본다"는 구절에서는 화자가 노인을 통해 자신의 미래를 비춰보고 있음을 알 수 있다. 노인의 모습은 곧 화자의 미래일 수 있기에 시는 독자에게도 깊은 공감을 불러일으킨다. "초라하게 변해버린 저 노인처럼"이라는 표현은 누구나 결국 세월 앞에 겸허해질 수밖에 없다는 인생의 진실을 담고 있다. 젊음과 건강, 활기찬 시절은 지나가고, 남는 것은 지팡이에 의지한 노인의 모습뿐이다. 하지만 그 초라함 속에는 오랜 세월을 견뎌온 존엄함과 삶의 깊이가 느껴진다. 노인의 모습을 통해 인생의 무상함과 인간의 숙명을 조용히 성찰하게 한다. 짧은 시지만 삶과 노년에 대한 깊은 통찰과 따뜻한 시선을 담고 있어 읽는 이로 하여금 자신의 삶을 돌아보게 만드는 힘이 있다.

P106 「인간은 작은 거인이다」 밤 도심의 화려한 야경을 배경으로, 인간 존재의 위대함과 동시에 그 연약함을 성찰하는 작품이다. 시인은 고층건물의 조명, 도로 위의 자동차, 바쁘게 움직이는 사람들을 묘사하며, 인간이 외형적으로 얼마나 작아 보이는지 강조한다. 그러나 곧 인간의 두뇌가 가진 상상력과 창조성, 그리고 문명을 일구어

낸 위대함을 찬미한다. "인간의 두뇌는 세상을 삼킬 만큼 크다"라는 구절은, 인간의 물리적 한계와 정신적 무한함을 대조적으로 보여주며, 우리 내면에 잠재된 가능성과 힘을 일깨워 준다. 그럼에도 불구하고 "무엇 때문에 이렇게 위대한 인간이 마음을 쉽게 다치는 것일까?"라는 물음은, 인간의 본질적 연약함과 감정의 상처를 되짚으며, 존재의 아이러니를 드러낸다. 우리에게 인간 존재의 깊이와 아름다움을 다시 한 번 생각하게 한다. 인간의 한계와 가능성, 그리고 그 안에서 피어나는 삶의 아름다움을 진솔하게 노래한 작품이라 할 수 있다.

이처럼 서상천 시인은 모든 사물과 자연과 사람이라는 세상 상황에 대한 관대함을 지녔다. 세상에 대한 본연의 자세가 시의 곳곳에서도 나타나고 있다. 한 편의 시에서 저자의 철학이 깃들어 있다면 읽는 독자는 그 저자의 새로운 철학적 배움이 되어 저자에게는 작품집을 내는 가장 큰 보람이 될 것이다. 그와 같은 이번 詩적 에세이는 저자가 자신의 마음에 던진 말들을 지면에 묶어 객관적으로 자신을 다시금 되돌아보는 기회로 삼으려하는 것으로 보인다. 그리고 세상과 공감으로 밝음을 추구하는 저자가 마음의 표현으로 공유를 하고자 하는 것으로 읽혀진다.

서상천 작가의 『심상의 숲』-'사람이기에 행복하다' 출간을 진심으로 축하드립니다. 모든 독자들에게 <심상의 숲>에서 위로와 희망이 깃들길 바랍니다.

꽃과 마음(나) －꽃의 현상을 볼 때

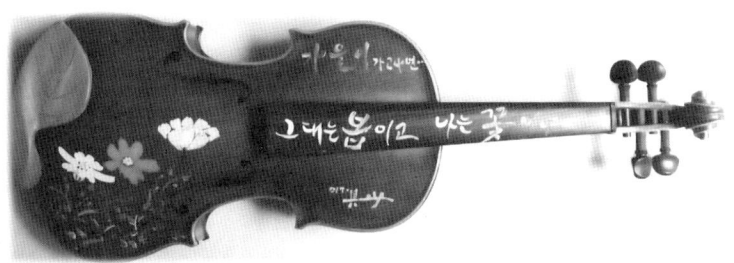

아름답고 예쁘게 볼 수 있는 것은

순간,

내
마
음
이

아름답고 예쁘다는 것이다

심상의 숲
사람이기에 행복하다

초판1쇄 발행 2025년 8월 12일

지은이 서상천
펴낸이 박선해
펴낸곳 도서출판 신정

주소 경상남도 김해시 우암로 8
전화 010-3976-6785
전자우편 sinjeng2069@naver.com
출판등록 김해, 사00008, 2020년 9월 22일

ISBN 979-11-92807-33-1 03810

정가 15,000원

* 이 책은 저작권법에 따라 보호받는 저작물이므로 무단전재와 무단복제를 금지하며, 이 책 내용의 전부 또는 일부 내용을 재사용하려면 사전에 저작권자와 도서출판 신정의 동의를 받아야 합니다.
* 저자의 의도에 따라 작품의 보조동사와 합성(=합성명사)어는 띄어쓰기나 방언에 따라 표현이 (향토어 지역어 은어 속어 기타 등) 달라질 수가 있습니다.
* 잘못된 책은 교환해 드립니다.